Cómo ser buen amigo

Fabiola Sepulveda

Notas para los adultos

Este libro sin palabras ofrece una valiosa experiencia de lectura compartida a los niños que aún no saben leer palabras o que están empezando a aprender a leer. Los niños pueden mirar las páginas para obtener información a partir de lo que ven y también pueden sugerir textos posibles para contar la historia.

Para ampliar esta experiencia de lectura, realice una o más de las siguientes actividades:

Comente con el niño qué es ser buen amigo.

Al mirar las imágenes y contar la historia, introduzca elementos de vocabulario, como las siguientes palabras:

- amable
- amigo
- ayudar
- compartir
- conocer
- consuelo
- dar
- divertido
- escoger
- hablar
- jugar
- juntos
- nosotros
- presentar
- turnarse

Cuéntele sobre su mejor amigo o amiga y por qué es especial para usted. Pídale al niño que haga lo mismo.

Después de mirar las imágenes, vuelvan al libro una y otra vez. Volver a leer es una excelente herramienta para desarrollar destrezas de lectoescritura.

Anime al niño a dibujarse haciendo algo que le guste hacer con un amigo.

Asesora
Cynthia Malo, M.A.Ed.

Créditos de publicación
Rachelle Cracchiolo, M.S.Ed., *Editora comercial*
Emily R. Smith, M.A.Ed., *Vicepresidenta superior de desarrollo de contenido*
Véronique Bos, *Vicepresidenta de desarrollo creativo*
Dona Herweck Rice, *Gerenta general de contenido*
Caroline Gasca, M.S.Ed., *Gerenta general de contenido*

Créditos de imágenes: todas las imágenes cortesía de iStock y/o Shutterstock

Library of Congress Cataloging-in-Publication Data
Names: Sepulveda, Fabiola, author.
Title: Cómo ser buen amigo / Fabiola Sepulveda.
Other titles: How to be a friend. Spanish
Description: Huntington Beach, CA : Teacher Created Materials, 2025. | Audience: Ages 3-9. | Summary: In a book without words, it is clear that the best way to get a friend is simply to be a friend.
Identifiers: LCCN 2024028082 (print) | LCCN 2024028083 (ebook) | ISBN 9798765961735 (paperback) | ISBN 9798765966686 (ebook)
Subjects: LCSH: Friendship--Juvenile fiction. | Friendship--Pictorial works. | Stories without words. | CYAC: Friendship--Fiction. | Stories without words. | Spanish language materials. | LCGFT: Wordless picture books.
Classification: LCC PZ73 .S43687 2025 (print) | LCC PZ73 (ebook) | DDC [Fic]--dc23

Se prohíbe la reproducción y la distribución de este libro por cualquier medio sin autorización escrita de la editorial.

5482 Argosy Avenue
Huntington Beach, CA 92649
www.tcmpub.com
ISBN 979-8-7659-6173-5
© 2025 Teacher Created Materials, Inc.
Printed by: 926. Printed in: Malaysia. PO#: PO13820